T0066213

VINCENZO BELLINI

15 Composizioni vocali da camera

per canto e pianoforte | for voice & piano

RICORDI

NR 142024
ISMN 979-0-041-42024-0

Sommario • Contents

Prefazione • Preface

Nato a Catania il 3 novembre 1801 in una famiglia di musicisti, Vincenzo Bellini riceve i primi insegnamenti di musica dal padre e dal nonno che ne riconoscono il precoce talento. Quando compie il diciottesimo anno di età viene inviato a Napoli presso il Real Collegio di Musica dove conclude gli studi nel 1825.

Nell'ambito delle esercitazioni scolastiche Bellini compone la sua prima opera seria, *Adelson e Salvini,* una produzione che aveva lo scopo di lanciarlo verso la carriera di operista. Salutata con successo, gli fa ottenere una commissione per il Teatro San Carlo per il quale nel 1826 scrive l'opera *Bianca e Fernando* (ribattezzata *Bianca e Gernando*). Con *Il pirata,* opera seria rappresentata al Teatro alla Scala di Milano nell'ottobre del 1827, Bellini sancisce la sua celebrità e dà inizio alla lunga collaborazione con il librettista e amico Felice Romani dalla quale scaturiranno sei opere: *La straniera, Zaira, I Capuleti e i Montecchi, La sonnambula, Norma* e *Beatrice di Tenda.*

Con il diffondersi della sua fama, Bellini è invitato a Londra e Parigi. Nell'aprile 1834 inizia a comporre *I Puritani,* su libretto di Carlo Pepoli. L'opera va in scena per la prima volta a Parigi, presso il Théâtre-Italien, il 24 gennaio 1835, dove Bellini decide di restare, attratto dalla società parigina e dal suo ambiente musicale; intanto negozia una commissione per la sua undicesima opera, in francese, che avrebbe dovuto essere rappresentata al Teatro dell'Opéra di Parigi. Ma un mese dopo si ammala per la recrudescenza di un'infezione intestinale contratta cinque anni prima. Solo, nella sua casa di Puteaux, un sobborgo di Parigi, il trentaquattrenne compositore muore il 23 settembre del 1835.

Born into a family of musicians in Catania on November 3, 1801, Vincenzo Bellini received his first music lessons from his father and from his grandfather, who both recognized his precocious talent. At the age of eighteen, he was sent to Naples to attend the Real Collegio di Musica (now the Naples Conservatory), finishing his studies there in 1825.

Bellini would compose his first *opera seria, Adelson e Salvini,* during his studies at the Conservatory: with it, he hoped to launch his career as an opera composer. Well-received, it helped him obtain a commission from the Teatro San Carlo, for which he wrote the opera *Bianca e Gernando* (later renamed *Bianca e Fernando*). With *Il pirata,* an *opera seria* presented at *La Scala* in October of 1827, Bellini's fame was established. It turned out to be the beginning of a long collaboration with his friend and librettist Felice Romani which would give birth to six operas: *La straniera, Zaira, I Capuleti e i Montecchi, La sonnambula, Norma* and *Beatrice di Tenda.*

As his fame spread, Bellini received invitations to work in London and Paris. In April of 1834 he began composing *I Puritani,* based on a libretto by Carlo Pepoli. The opera was first staged on January 24, 1835, at the Théâtre-Italien of Paris. Attracted by Paris's social life and musical scene, Bellini decided to move there, concurrently negotiating a commission for his eleventh operatic work, in French, which, at the time, was supposed to be performed at the Paris Opera. However, one month later he would suffer a reoccurrence of an intestinal infection contracted five years earlier. The thirty-five year-old composer would die alone in his house in Puteaux, a suburb of Paris, on September 23, 1835.

L'immagine di Bellini ci è stata trasmessa da Heinrich Heine nella sua opera letteraria *Florentinische Nächte* (1836) nella quale descrive il compositore come alto e slanciato, con riccioli biondi e occhi azzurri, dotato di un carattere complesso. La morte prematura ne alimenta il mito.

Sebbene sia ricordato in particolare per le sue dieci opere, oltre a pezzi sacri e composizioni strumentali, Bellini scrive composizioni vocali da camera lungo tutto l'arco della sua pur breve vita. Esse si ispirano a modelli drammatici e, in taluni casi, sono riduzioni di pezzi concertati – la scena drammatica *Quando incise su quel marmo*, di cui si conosce anche la versione orchestrale autografa, è etichettata dai primi editori parigini (Latte) e viennesi (Mechetti) come prima composizione di Bellini – o lavori di apprendistato, come nel caso della cavatina *Dolente immagine di Fille mia*, scritta per voce e orchestra negli anni di studio a Napoli e riformulata per voce e pianoforte, nonché più volte rivista.

A Milano, probabilmente nel 1828, è composta *Quando verrà quel dì*, dedicata alla contessa Sofia Voijna, vice regina del Regno lombardo-veneto (l'autografo è conservato alla Public Library di New York). Ricordi nel 1837 ne stampò un'edizione con il titolo *Il fervido desiderio*, basata su una fonte diversa dall'autografo di New York.

Una tappa importante della produzione vocale cameristica di Bellini è la pubblicazione della raccolta "Sei ariette per camera", apparsa nel gennaio 1830 con i numeri editoriali Ricordi 4265-4270 corrispondenti a *Malinconia, Ninfa gentile, Vanne, o rosa fortunata, Bella Nice, che d'amore, Almen se non poss'io, Per pietà bell'idol mio, Ma rendi pur contento*. La silloge porta la dedica a Marianna Pollini, dilettante di canto e buona amica di Bellini, insieme al marito Francesco, maestro di pianoforte al Conservatorio di Milano. I testi poetici delle "Sei ariette", composte prima dell'ottobre 1829 e delle quali non è stato rinvenuto ancora alcun autografo, riflettono scene eterogenee dal punto di vista dei testi poetici: dall'ode settecentesca di Pindemonte *Malinconia, ninfa gentile*, ai testi del letterato Davide Bertolotti (*Vanne, o rosa fortuna; Bella Nice, che d'amore* risa-

Today's popular image of Bellini comes from Heinrich Heine's *Florentinische Nächte* (Florentine Nights, 1836) in which he describes the composer as tall and slim, with blond curls and blue eyes, and an "interesting" personality. His premature death further added to the myth.

Although mainly remembered for his ten operas, as well as his sacred and instrumental works, Bellini also composed for vocal pieces throughout his albeit brief career. They were inspired by dramatic models, and in some cases, were reductions of orchestral works – the tragic scene *Quando incise su quel marmo* which also survives in an autograph version for orchestra and was labelled as his earliest composition by his first Parisian (Latte) and Viennese (Mechetti) publishers – or works from his student years, such as the *cavatina* entitled *Dolente immagine di Fille mia*, written for voice and orchestra during his studies in Naples, which he later reworked for voice and piano and revised it several times.

It was in Milan, probably in 1828, that *Quando verrà quel dì* was composed, dedicated to Countess Sofia Voijna, the Viceregent of the Kingdom of Lombardy-Venetia: an autograph copy is preserved at the Public Library of New York. In 1837, Ricordi printed an edition of it with the title *Il fervido desiderio*, based on a different source.

The publication of the collection "Sei ariette per camera" in January 1830 (bearing the editorial number Ricordi 4265-4270) marked an important step in Bellini's chamber vocal music production. Made up of the following pieces: *Malinconia, Ninfa gentile; Vanne, o rosa fortunata; Bella Nice, che d'amore; Almen se non poss'io; Per pietà bell'idol mio; and Ma rendi pur content*, the collection was dedicated to Marianna Pollini, an amateur singer and close friend of Bellini, and her husband, Francesco, a piano professor at the Milan Conservatory. The poetic texts used in the "Sei ariette", composed before October of 1829 (for which an autograph version has yet to be found), are heterogeneous in terms of the kinds of scenes they depict: from Ippolito Pindemonte's eighteenth-century ode, *Malinconia, ninfa gentile*, to the lyrics written by literary scholar Davide Bertolot-

lenti agli anni Dieci). Le restanti ariette si basano su testi di Metastasio.

Stabilitosi a Parigi, Bellini trova nuove opportunità e stimoli che fanno sì che la sua produzione vocale cameristica conosca un sensibile sviluppo. Le composizioni da camera diventano uno strumento di affermazione nell'ambito dei *salons* parigini e finiscono col rivestire anche una funzione sociale. Bellini ne distribuisce copie a esponenti dell'aristocrazia, compositori, amici, personalità di spicco della vita artistica locale. Tra queste, *Sogno d'infanzia*, acquista da Casa Ricordi nel febbraio 1835 (sette mesi prima della morte del compositore), che corrisponde alla versione italiana di *Rêve d'enfance*.

Il numero di pubblicazioni apparse in vita è esiguo mentre si assiste a una proliferazione delle stampe in seguito alla prematura scomparsa di Bellini. Molte composizioni (ad esempio *L'allegro marinaro*, versione italiana della ballata *Les joieux matelots*, entrata nel catalogo Ricordi nel 1844) vengono alla luce postume; alcune diventano icone del catalogo belliniano (*Vaga luna, che inargenti*, pubblicata postuma nel 1836) ed emblemi della sua *naïvité*, come nel caso della *Farfalletta*, pubblicata a Palermo nel 1846 con un'introduzione in cui si metteva in risalto l'estrema precocità dell'invenzione melodica del compositore. Di dubbia autenticità, è una canzoncina che Bellini avrebbe scritto a dodici anni in memoria di un'amica d'infanzia.

La recezione della musica da camera di Bellini si concentra sulle quindici composizioni pubblicate da Ricordi nel 1835 col titolo *Composizioni da camera per canto e pianoforte*, edizione che ha fornito materiali per studio, concerti e incisioni nel corso dei decenni e che include i brani della presente raccolta. Tra questi trovano luogo anche brani dubbi o spuri, come *Torna, vezzosa Fillide*, conservata in due copie manoscritte la cui attribuzione a Bellini consiste nel solo nome dell'autore apposto sulla copia conservata alla Biblioteca del Conservatorio di Milano.

Da quanto premesso si può facilmente comprendere come, a differenza delle composizioni teatrali, la disseminazione del repertorio cameristico rivesta un carattere eminentemente privato.

ti: *Vanne, o rosa fortuna* and *Bella Nice, che d'amore*, both written in the 1810s. The remaining arias are based on texts by Metastasio.

Once settled in Paris, Bellini found new opportunities and stimuli that had a tangible impact on his vocal chamber music. These chamber compositions would become a means of affirmation in the world of the Parisian *Salon*, and, in the end, also served a social function. The composer would give out copies to members of the aristocracy, other composers, friends, as well as to leading figures of the local artistic scene. One example of such works is his *Sogno d'infanzia*, acquired by Ricordi Editions in February of 1835, seven months before the composer's death, which was the Italian version of his *Rêve d'enfance*.

While only a handful of the composer's compositions were published during his lifetime, after his premature death we see a proliferation of works going to press. Many compositions (for example, *L'allegro marinaro*, the Italian version of the *ballata Les joieux matelots*, which became part of the Ricordi catalogue in 1844) were discovered posthumously. Some of these would become the icons of Bellini's catalogue (*Vaga luna, che inargenti*, published posthumously in 1836) or emblems of his *naïvité*, as in the case of *La farfalletta*, published in Palermo in 1846 with an introduction in which the extreme precocity of the composer's melodic imagination was pointed out. The authenticity of this song, which Bellini supposedly wrote at the age of twelve in memory of a childhood friend, is in doubt.

The dissemination of Bellini's chamber works is centred around the fifteen compositions published by Ricordi in 1835 under the title *Composizioni da camera per canto e pianoforte*. Indeed, this edition has furnished the basis for most of the studies, concert performances and recordings of his works for decades: the pieces that make up the present collection are also found there. It also includes some dubious and spurious works, for example, *Torna, vezzosa Fillide*, whose attribution to Bellini comes solely from the fact that his name is affixed to two copies of the score held in the library of the Milan Conservatory.

Si tratta di brani dei quali è difficile ricostruire la cronologia, l'ambiente d'origine, la committenza e delle quali, in molti casi, le fonti autografe mancano (*Dolente immagine di Fille mia*) mentre in altri gli autografi si moltiplicano, come nel caso dell'*Abbandono*, cavatina della quale esistono vari autografi, di cui quello completo e accessibile si trova nella biblioteca del Conservatorio di San Pietro a Majella di Napoli.

Dopo la morte di Bellini, tra l'ottobre del 1837 e il maggio dell'anno seguente, Giovanni Ricordi dà alle stampe tre ariette: *Il fervido desiderio, Dolente immagine di Fille mia* (della quale esistono varie versioni, alcune in Sol minore), *Vaga luna, che inargenti*.

Dalle *15 Composizioni vocali da camera per canto e pianoforte* (NR 123282), corrispondenti ai brani pubblicati nel 1835, Ricordi nel 2004 ha proposto una nuova edizione con alcuni brani aggiunti, curata da Elio Battaglia che ha realizzato anche le trasposizioni per voce acuta e voce grave. Prima dell'edizione curata da Battaglia, Hal Leonard aveva pubblicato i brani inclusi nella prima edizione Ricordi trasposti per le due voci con lo scopo di renderli accessibili a tutti i cantanti. Una approfondita ricerca sulla musica da camera di Bellini è stata svolta da Carlida Steffan che, per la collana "Edizione critica delle opere di Vincenzo Bellini" di Ricordi, ha curato il volume *Musica vocale da camera* apparso nel 2012.

Le *15 Composizioni* belliniane sono oggi riproposte per voce acuta (NR 142024) e voce grave (NR 142025) partendo dal testo musicale offerto dalla sopra citata edizione critica condotta sugli autografi, laddove esistenti, o sulle fonti musicali più accreditate.

Ilaria Narici

For the reasons explained above, it is easy to understand why, as opposed to his operatic compositions, the dissemination of Bellini's chamber repertoire was of an eminently private nature. For these works, it is difficult to reconstruct a chronological order, or to know what kind of environment or client they were originally intended for. For many works, no autograph sources can be found (*Dolente immagine di Fille mia*), while for others, autographs abound, for example in the case of the *cavatina* entitled *L'abbandono* which has survived in a number of autograph sources: the most complete and practicable version is found in the library of the San Pietro a Majella Conservatory in Naples.

After Bellini's death, during the period between October of 1837 and May 1838, Giovanni Ricordi had three of his arias printed: *Il fervido desiderio, Dolente immagine di Fille mia* (for which many versions have come down to us, including some in G minor), and *Vaga luna, che inargenti*.

In 2004, using the *15 Composizioni vocali da camera per canto e pianoforte* (NR 123282) (which contained all of the pieces published in 1835) as a departure point, Ricordi proposed a new edition that included a few additional pieces, edited by Elio Battaglia, who also arranged them for high and low voices. Before the Battaglia edition came out, Hal Leonard also published the works included in the first Ricordi edition transposed for high and low voices, with the goal of rendering them accessible to singers of all ranges. An in-depth study of Bellini's chamber music was carried out by Carlida Steffan, who edited the 2012 volume *Musica vocale da camera* for the series published by Ricordi, "Edizione critica delle opere di Vincenzo Bellini" (Critical Edition of the Works of Vincenzo Bellini).

Bellini's *15 Composizioni* can be found here, in versions for high (NR 142024) and low voice (NR 142025). They are taken from the scores published in the critical edition cited above, which was based on autograph manuscripts, when extant, or, when not possible, the most authoritative sources available.

Ilaria Narici

TESTI • *LYRICS*

English translations by Martha Gerhart

La farfalletta

Farfalletta aspetta aspetta,
non volar con tanta fretta.
Far del mal non ti vogl'io:
ferma appaga il desir mio.
Vo' baciarti e il cibo darti,
da' perigli perservarti,
di cristallo stanza avrai
e tranquilla ognor vivrai.

L'ali aurate, screziate
so che Aprile t'ha ingemmate,
che sei vaga, vispa e snella,
fra tue equali la più bella.
Ma crin d'oro ha il mio tesoro,
il fanciullo ch'amo, e adoro
è a te pari vispo e snello,
fra i suoi equali egli è il più bello.

Vo' carpirti, ad esso offririti;
più che rose, gigli e mirti
ti fia caro il mio fanciullo,
ed a lui sarai trastullo.
Nell'aspetto e terso petto
rose e gigli ha il mio diletto.
Vieni, scampa da' perigli,
non cercar più rose e gigli.

Quando incise su quell marmo

Questa è la valle, il sasso è questo
in cui di Gilda al nome unito
il mio nome è scolpito.
E in queste guise,
se tradirmi volea, perché l'incise?

Quando incise su quel marmo
l'infedele il nome mio,
invocando il cieco Dio
Fede eterna a me giurò.

The little butterfly

Little butterfly, wait – wait;
don't fly around in such a hurry.
I don't want to do you any harm;
stop – satisfy my wishes.
I want to kiss you and to give you food,
to protect you from dangers.
You will have a room of crystal,
and you will always be comfortable.

I know that April has ornamented
your golden, speckled wings,
that you are pretty, lively and agile,
the most beautiful among your kind.
But my darling has hair of gold –
the boy that I love and adore.
And equally lively and agile as you,
among his kind he is the most handsome.

I want to capture you, offer you to him;
more than roses, lilies, and myrtle
may my young man be dear to you,
and you will be a plaything for him.
In his appearance and smooth breast
my dear one is like roses and lilies.
Come, escape from dangers;
search no more for roses and lilies.

When she engraved on that marble

This is the valley – this is the stone
on which, together with Gilda's name,
my name is carved:
and under these guises,
if she wanted to betray me, why did she engrave it?

When the unfaithful one engraved
my name on that marble,
invoking the blind God,
eternal faith I swore to myself.

Spergiura! e questa pietra
il mio nome addita ancora,
ma l'idea di chi t'adora
nel tuo sen si cancellò.

Sogno d'infanzia

Soave sogno de' miei primi anni,
di tue memorie m'inebbria il cor,
solo in te spero nel mio dolor.
Nulla bandirti può dalla mente,
ignoto oggetto de' miei desiri
qual m'eri allora, t'ho ancor presente
col tuo sorriso, col tuo languor.

Sì, sempre, o cara, voglio adorarti,
e a' tuoi bei sguardi sempre pensar,
e a te miei giorni tutti sacrar.
Quando dal cielo scesa io mirai
la tua persona bella e pudica,
giovine allora, ah! non pensai
che tardi un giorno fora l'amar.

Rapido lampo tua debil vita
seco travolse dove si muor,
ed io ti chiamo, ti chiamo ancor.
Pera l'istante quand'io ti vidi
pura qual giglio sulle prim'ore:
tu ti slanciasti verso i tuoi lidi,
e di te privo muore il mio cor.

L'abbandono

Solitario zeffiretto,
a che movi i tuoi sospiri?

Il sospiro a me sol lice,
che dolente ed infelice
chiamo Dafne che non ode
l'insoffribil mio martir!

Langue invan la mammoletta
e la rosa e il gelsomino,
lunge son da lui che adoro,
non conosco alcun ristoro,
se non viene a consolarmi
col bel guardo cilestrino.

*Perjurer! And this stone
still shows my name,
but the thought of he who adores you
has been erased from your heart.*

Dream of childhood

*Sweet dream of my early years,
my heart exults in your memories.
only through you do I have hope in my sorrow.
Nothing can banish you from my mind,
strange object of my longings;
as you were for me then, I have you still in my mind
with your smile, with your languor.*

*Yes, always, o dear one, I want to adore you
and to think always of your lovely glances,
and to consecrate all my days to you.
When I saw your beautiful and chaste body
descend from heaven
I, still a youth, aha! did not think
that one day loving would come late.*

*Swift lightning swept away your fragile life
with it to where it expired,
and I call to you, I call to you still.
May the moment perish when I saw you
pure as a lily at daybreak:
you dashed toward your shores
and, deprived of you my heart dies.*

The abandonment

*Lonely little breeze,
to whom are you directing your sighs?*

*The sighing is granted to me only
because, sorrowful and unfortunate,
I call to Dafne, who does not heed
my insufferable pain!*

*Languishes in vain the little violet
and the rose and the jasmine;
far away am I from him whom I adore.
I know no comfort
if he does not come to console me
with his beautiful sky blue eyes.*

Ape industre che vagando
sempre vai di fior in fiore,
ascolta.

Se lo scorgi ov'ei dimora,
di' che rieda a chi l'adora
come riedi tu nel seno
delle rose al primo albor.
L'allegro marinaro

Allor che azzurro il mar
sereno specchia il ciel,
al tuo navil fedel
ritorna, o marinar.
Tentiamo del piacer
su l'onde la canzon:
sfidiamo il flutto e il tuon,
contenti avventurier.

Spera, spera, o marinar:
la speranza è il nostro ben.
Ognun speri di tornar
de' suoi fidi ancora al sen.
Cinge il futuro un manto:
sol Dio saper potrà
chi fia che rivedrà
l'antica madre in pianto.

Allor che in ciel vedrem
il nembo imperversar,
convien coraggio oprar:
da forti griderem. Coraggio.
Oggi concenti e suon
la sorte ci serbò;
doman mandar ci può
forse procelle e tuon.

Ma tornar vedrem sul mar,
pien di gioia, ancor quel sol
che alla pace ridonar
ci dovrà del patrio suol.
Allor senza periglio
la madre ascolterà
quella che a lei dirà
storia di pianto il figlio.

Industrious bee, who is always
roving from flower to flower,
listen.

If you should recognize him where he is dwelling,
say that he may return to the one who adores him,
like you return to the bosom
of the roses at the break of day.
The cheerful seaman

When the serene sea
reflects, azure, the sky,
to your faithful fleet
return, oh sailor.
We will essay the song
of pleasure, over the waves.
We will brave the billows and the thunder,
happy adventurers.

Be hopeful, hopeful, oh sailor:
hope is our blessing.
Each one hopes to return
to the bosom of his faithful ones.
A cloak surrounds the future:
only God will be able to know
whoever it may be who will again see
his elderly mother weeping.

When we shall see the rain cloud
rage in the sky,
we must act with courage:
Loudly we will cry out: have courage!
Today fate has preserved for us
harmony and song;
tomorrow it may send us,
perhaps, storms and thunder.

But we will again see returning over the sea,
full of joy, that sunshine
which will take us back to
the peace of our native soil.
Then, without fear,
the mother will listen to
that story of weeping which
her son will tell her.

Torna, vezzosa Fillide

Torna, vezzosa Fillide
al caro tuo pastore;
lungi da tue pupille
pace non trova il cor.
Al caro tuo soggiorno
io sempre volgo il piè
e grido notte e giorno:
Fillide mia, dov'è?

Domando a quella sponde:
Fillide mia che fa?
e par che mi risponda:
piange lontan da te.
Domando a quello rio:
Fillide mia dov'è?
Con rauco mormorio
dice: piangendo sta.

Il caro tuo sembiante,
fonte d'ogni piacere,
il miro ad ogni istante
impresso nel pensier.
Ma rimirando allora
ch'egli non è con me,
grido piangendo ognora:
Fillide mia dov'è?

Son fatte le mie pene
un tempestoso mare;
non trovo, amato bene,
chi la potrà calmar, nol trovo.
Che fa la morte, oh Dio,
che non mi chiama a sé?
Gridar più non poss'io:
Fillide mia dov'è?

Il fervido desiderio
Quando verrà quell dì

Quando verrà quel dì
che riverder potrò
quel che l'amante cor tanto desia?

Quando verrà quel dì
che in sen t'accoglierò,
bella fiamma d'amor, anima mia?

Come back, charming Fillide

*Come back, charming Fillide
to your dear shepherd;
far from your eyes
my heart does not find peace.
Toward your dear abode
I always turn my feet,
and I cry out night and day:
Where is my Fillide?*

*I ask that shore:
What is my Fillide doing?
And it seems that it answers me:
She weeps, far from you!
I ask that brook:
Where is my Fillide?
With a hoarse murmur
it says: she is weeping.*

*Your dear countenance,
fount of every pleasure –
I see it at every moment
engraved in my thoughts.
But then seeing more clearly
that it is not with me,
I cry out, weeping always:
Where is my Fillide?*

*My sufferings have created
a tempestuous sea;
I find not, dearly beloved,
one who will be able to relieve them – I find not one.
What is death doing, oh God,
that it calls me not to itself?
I can not cry out anymore:
Where is my Fillide?*

The fervent longing
When that day comes

*When will that day come
when I shall be able to see again
the one whom my loving heart so much desires?*

*When will that day come
when I will gather you to my bosom,
beautiful flame of love, my soul?*

Dolente immagine di Fille mia

Dolente imagine di Fille mia,
perché sì squallida mi siedi accanto?
Che più desideri? Dirotto pianto
io sul tuo cenere versai finor.
Temi che immemore de' sacri giuri
io possa accendermi ad altra face?
Ombra di Fillide, riposa in pace,
è inestinguibile l'antico ardor.

Vaga luna, che inargenti

Vaga luna, che inargenti
queste rive e questi fiori,
ed ispiri agli elementi
il linguaggio dell'amor,
testimonio or sei tu sola
del mio fervido desir,
ed a lei che m'innamora
conta i palpiti e i sospir.

Dille pur che lontananza
il mio duol non può lenir,
che se nutro una speranza,
ella è sol nell'avvenir.

Dille pur che giorno e sera
conto l'ore del dolor,
che una speme lusinghiera
mi conforta nell'amor.

Malinconia, ninfa gentile

Malinconia, ninfa gentile,
la vita mia consacro a te
I tuoi piaceri chi tiene a vile
ai piacer veri nato non è.

Fonti e colline chiesi agli Dei:
m'udiro al fine, pago io vivrò.
Né mai quel fonte co' desir miei,
né mai quel monte trapasserò.

Sad image of my Fille

Sad image of my Fille,
why are you so miserable beside me?
What more do you desire? Copious tears
I have poured upon your ashes up to now.
Do you fear that, forgetful of the sacred vows,
I could be ignited to another flame?
Spirit of Fillide, rest in peace;
the old passion is inextinguishable.

Pretty moon, who silvers

Pretty moon, who silvers
these brooks and these flowers
and inspires the elements to
the language of love,
you alone are now witness
to my fervent desire,
and to her with whom I am in love
recount the heartbeats and the sighs.

Tell her also that distance
cannot assuage my sorrow,
that if I nourish one hope,
it is only for the future.

Tell her also that day and night
I count the hours of sorrow,
that a promising hope
comforts me in love.

Melancholy, gentle nymph

Melancholy, gentle nymph,
my life I consecrate to you.
Whoever considers your pleasures slight
to true pleasures is not born.

Rivers and hills I asked of the gods.
They heard me at last; I shall live satisfied
Nor that source ever with my wishes,
not ever that mountain will I cross.

Vanne, o rosa fortunata

Vanne, o rosa fortunata,
a posar di Nice in petto,
ed ognun sarà costretto
la tua sorte invidiar.

Oh se in te potessi anch'io
trasformarmi un sol momento
non avria più bel contento
questo core a sospirar.

Ma tu inchini dispettosa,
bella rosa impallidita,
la tua fronte scolorita
dallo sdegno e dal dolor.

Bella rosa, è destinata
ad entrambi un'ugual sorte:
là trovar dobbiam la morte,
tu d'invidia ed io d'amor.

Bella Nice, che d'amore

Bella Nice, che d'amore
desti il fremito e il desir,
bella Nice, del mio core
dolce speme e sol sospir.

Ahi! verrà, né sì lontano
forse a me quel giorno è già,
che di morte l'empia mano
il mio stame troncherà.

Quando in grembo al feral nido
reso, ahi! misero, io sarò,
deh, rammenta quanto fido
questo cor ognor t'amò.

Sul mio cenere tacente
se tu spargi allora un for,
bella Nice, men dolente
dell'avel mi fia l'orror.

Non ti chiedo che di pianto
venga l'urna mia a bagnar:
se sperar potess'io tanto,
vorrei subito spirar.

Go, oh fortunate rose

Go, oh fortunate rose,
to repose upon Nice's brest;
and everyone will be forced
to envy your lot.

Oh, if I could but transform
myself into you for a single moment;
this heart would have no more beautiful
contentment than in languishing.

But you are bowing spitefully,
beautiful fading rose,
your paling face,
from indignation and from grief.

Beautiful rose, a similar fate
is destined for both of us:
yonder must we find death –
you from envy and I from love.

Beautiful Nice, who of love

Beautiful Nice, who arouses
the trembling and desire of love,
beautiful Nice, sweet hope
and sole yearning of my heart.

alas, it will come – and perhaps
that day is already not so far away for me –
when the pitiless hand of death
will cut short my life's thread.

When in the bosom of the ungodly final abode
lifeless – alas, wretched – I will be,
please remember how faithfully
this heart always loved you.

Upon my silent ashes
should you then cast a flower,
beautiful Nice, less sorrowful
will the horror of the tomb be for me.

I do not ask that, with tears,
you may come to bathe my grave,
if I could hope for so much,
I should wish to die at once.

Almen se non poss'io

Almen se non poss'io
seguir l'amato bene,
affetti del cor mio,
seguitelo per me.

Già sempre a lui vicino
raccolti amor vi tiene,
e insolito cammino
questo per voi non è.

Per pietà bell'idol mio

Per pietà bell'idol mio,
non mi dir ch'io sono ingrato,
infelice e sventurato
abbastanza il Ciel mi fa.

Se fedele a te son io,
se mi struggo ai tuoi bei lumi
sallo amor, lo sanno i Numi,
il mio core, il tuo lo sa.

Ma rendi pur contento

Ma rendi pur contento
della mia bella il core,
e ti perdono, amore,
se lieto il mio non è.

Gli affanni suoi pavento
più degli affanni miei,
perché più vivo in lei
di quel ch'io viva in me.

At least if I am not able

At least if I am not able
to follow my dearly beloved,
affections of my heart,
follow him for me.

Love already keeps you forever
gathered close to him,
and this is no unaccustomed
pathway for you.

For pity's sake, my beautiful idol

For pity's sake, my beautiful idol,
do not tell me that I am ungrateful;
and unfortunate enough.
heaven is making me unhappy

If I am faithful to you,
If I am consumed by your beautiful eyes,
love knows it, the gods know it,
my heart and yours know it.

But please do make contented

But please do make contented
my beautiful one's heart
and I will forgive you, love,
if mine is not happy.

I dread her anxieties
more than my anxieties,
because I live more through her
than I live for myself.

VINCENZO BELLINI (1801-1835)
Composizioni da camera
per canto e pianoforte • *for voice and piano*

La farfalletta

Versi di – *Lyrics by Agostino Gallo?*

2

142024

bel - lo.

Vo' car - pir - ti, ad es-so of - frir - ti; più che ro - se, gi - gli e

mir - ti ti fia ca - ro il mio fan - ciul - lo, ed a lui sa - rai tra -

-stul - lo. Nel - l'a-spet - to e ter - so pet - to ro-se e gi - gli ha il mio di -

-let - to. Vie-ni, scam - pa da' pe - ri - gli, non cer - car più ro - se e gi - gli.

Quando incise su quel marmo

Versi di – *Lyrics by Giulio Genoino?*

Que - sta è la val - le, il sas-so è que - sto in cui di Gil - da al no-me u -

- ni - to il mio no-me è scol - pi-to. E in que-ste

gui - se se tra-dir - mi vo - le - a, per - ché l'in-ci - se?

142024

47

Sper - giu - ra! sper-giu -

52

con agitazione

-ra! e que-sta pie - tra il mio no - me ad-di-ta an-co - ra, il mio

57

no - me ad-di-ta an-co - ra, sper-giu-ra sper-giu-ra.

Allegro moderato

61

65

Ma_____ l'i - de - a, ma l'i-dea di chi t'a-do - ra,

Ma____ l'i - dea,____ ma l'i - dea di chi t'a - do - ra,

ma l'i - dea di chi t'a - do - ra

nel tuo sen,____ nel tuo sen si can - cel - lò,

nel tuo sen si can - cel - lò, sper -

10

142024

Sogno d'infanzia

(tonalità originale / *original key*)

può dal - la men - te, i - gno - to og - get - to de' mie i de -

- si - ri, qual m'e - ri al - lo - ra, t'ho an - cor pre -

[legato sempre]

- sen - te col_____ tuo sor - ri - so, col tu - o lan - guor, col_____

con abbandono rall.

_____ tuo sor - ri - so, col tu - o lan - guor. So - a - ve

so - gno de' miei pri mi an - ni, di tue me - mo - rie

Lyrics:
-lo - ra, ah, non pen - sa - i che tar - di un gior - no fo -
- ra l'a - mar, che tar - di un gior - no, ah! fo - ra l'a -
-mar. Sì, sem - pre, o ca - ra, vo - glio a - do - rar - ti,
e a tuoi bei sguar - di sem - pre pen - sar, sì,
sem - pre, o ca - ra, vo - glio a - do -

con abbandono

[p]

[Primo tempo]

130 -rar - - - ti, e a tuoi bei sguar - - - di

135 sem - - - pre pen - sar.

[Primo tempo]

[simile]

140

ff

145 Ra - pi - do lam - po

pp

[*p*]

151 tua de - bil vi - ta se - co tra - vol - se do - ve si

con abbandono

181
pri - vo, ah! muo - re il mio cuor. Ra - pi - do lam - po

186
tua de - bil vi - ta se - co tra - vol - se do - ve si

191
[p]
muor, ra - - pi - do lam - - po

196
se - - co tra - vol - - se, se - co tra -

201   205
-vol - - - se do - - - ve si muor.

* RI =
— mio do -

L'abbandono

(tonalità originale / *original key*)

24

L'allegro marinaro

(tonalità originale / *original key*)

5.

Al - lor che az-zur-ro il mar se - re - no spec-chia il ciel, se-

-re - - no, al tuo na-vil fe - del ri - tor-na, o ma - ri - nar, ri-

-tor - - na. Ten - tia - mo del pia - cer su l'on - de la can-zon, su

l'on - - de: sfi - dia - mo il flut-to e il tuon, con - ten-ti av-ven - tu - rier, con-

142024

25

142024

-lor che in ciel ve-drem il nem-bo im-per-ver-sar, il nem - - bo, con-

-vien co-rag-gio o-prar: da for-ti gri-de-rem. Co-rag - - - gio.

Og - gi con-cen-ti e suon la sor-te ci ser-bò, con-cen - - - ti; do-

-man man-dar ci può for - se pro-cel-le e tuon, pro-cel - - le.

28

Torna, vezzosa Fillide

(tonalità originale / *original key*)

Tor - na, vez-zo - sa Fil - li - de, al ca - ro tuo pa - sto - re, al

32

Do - man - do a quel-la spon - de: Fil - li - de mi - a che

fa?_____ e par_____ che mi ri - spon - da: pian - ge lon-tan da

te, lon-tan da te, lon-tan da te._____

Do - man - do a quel-lo

ri - o: Fil - li - de mi - a do-v'è? Con

142024

Fil - li - de mia do - v'è? do - v'è Fil - le mi - a?

Agitato

[*mf*]

Son fat - te le mie pe - ne un tem - pe - sto - so
ma - re, son fat - te le mie pe - ne un tem - pe - sto - so
ma - re; non tro - vo, a-ma-to be - ne, chi le po-trà cal - mar,_____ chi
le po - trà cal - mar,_____ nol tro - vo, nol tro - vo. Che
fa la mor-te, oh Di - o, che non mi chia-ma a sé? Gri -

Tre ariette

1. Il fervido desiderio
Quando verrà quel dì

(tonalità originale / *original key*)

2. Dolente immagine di Fille mia

Versi di – *Lyrics by Giulio Genoino*

43

142024

3. Vaga luna, che inargenti

Sei ariette per camera

Arietta I
Malinconia, ninfa gentile

Versi di – *Lyrics by Ippolito Pindemonte*

(tonalità originale / *original key*)

48

142024

Arietta II
Vanne, o rosa fortunata

Versi di – *Lyrics by Davide Bertolotti*

(tonalità originale / *original key*)

Andante mosso assai

Van-ne, o ro - sa for - tu - na - ta, a po - sar di Ni - ce in pet - to, ed o - gnun sa - rà co - stret - to la tua sor - te in - vi - di - ar. Oh se in te po - tes - si an - ch'i - o tra - sfor - mar - mi un sol mo - men - to non a -

52

142024

Arietta III
Bella Nice, che d'amore

Versi di – *Lyrics by Davide Bertolotti*

(tonalità originale / *original key*)

54

mor - te l'em - pia ma - no il mio sta - me tron - che - rà.

Quan - do in grem - bo al fe - ral

ni - do re - so, ahi! mi - se - ro, io sa - rò, deh! deh, ram - men - ta quan - to

fi - do que - sto cor o - gnor t'a - mò. Sul mio ce - ne - re ta - cen - te se tu

spar - gi al - lo - ra un fior,___ bel - la Ni - ce, men do - len - te del - l'a - vel mi fia l'or-

142024

56

Arietta IV
Almen se non poss'io

Versi di – *Lyrics by Pietro Metastasio*

(tonalità originale / *original key*)

Arietta V
Per pietà bell'idol mio

Versi di – *Lyrics by Pietro Metastasio*

(tonalità originale / *original key*)

14.

Per pie - tà_____ bel-l'i-dol mi - o, non mi

dir ch'io so - no in - gra - to, non mi dir ch'io so - no in-gra-to, in - fe-

- li - ce e sven-tu - ra - to ab - ba - stan-za il ciel mi fa. Se fe-

-de - le a te son i - o, se mi strug - go ai tuoi bei lu - mi sal-lo a-

59

Arietta VI
Ma rendi pur contento

Versi di – *Lyrics by Pietro Metastasio*

(tonalità originale / *original key*)

15.

Ma ren - di pur con - ten - to del - la mia bel - la il

co - re, e ti per - do - no, a - mo - re, se lie - to il

mi - o, il mi - o non è. Gli af - fan - ni suo - i pa -

142024